Impressum
Verlag: BABADADA GmbH, Nedderfeld 112 , 22529 Hamburg
Geschäftsführer / Verlagsleitung: Harald Hof
Druck: Books on Demand GmbH, In de Tarpen 42, 22848 Norderstedt

Imprint
Publisher: BABADADA GmbH, Nedderfeld 112 , 22529 Hamburg, Germany
Managing Director / Publishing direction: Harald Hof
Print: Books on Demand GmbH, In de Tarpen 42, 22848 Norderstedt

škola
school

učionica
classroom

dijeliti
divide

186/2

ploča
board

školsko dvorište
school yard

učitelj
teacher

papir
paper

pisati
write

kemijska olovka
pen

pisaći stol
desk

ravnalo
ruler

knjiga
book

učenik
pupil

torba

satchel

pernica

pencil case

grafitna olovka

pencil

šiljilo za olovke

pencil sharpener

gumica za brisanje

rubber

blok za crtanje

drawing pad

crtež

drawing

kist

paintbrush

kutija s bojama

paint box

makaze

scissors

ljepilo

glue

bilježnica

exercise book

domaći zadatak

homework

12

broj

number

2+2

sabirati

add

5-2

oduzimati

subtract

2×2

množiti

multiply

računati

calculate

A

slovo

letter

ABCDEFG HIJKLMN OPQRSTU VWXYZ

abeceda

alphabet

hello

riječ

word

tekst

text

čitati

read

kreda

chalk

sat

lesson

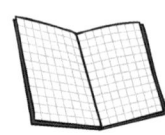

dnevnik

register

ispit

examination

svjedodžba

certificate

školska uniforma

school uniform

obrazovanje

education

leksikon

encyclopedia

sveučilište

university

mikroskop

microscope

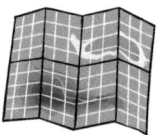

karta

map

košara za papir

waste-paper basket

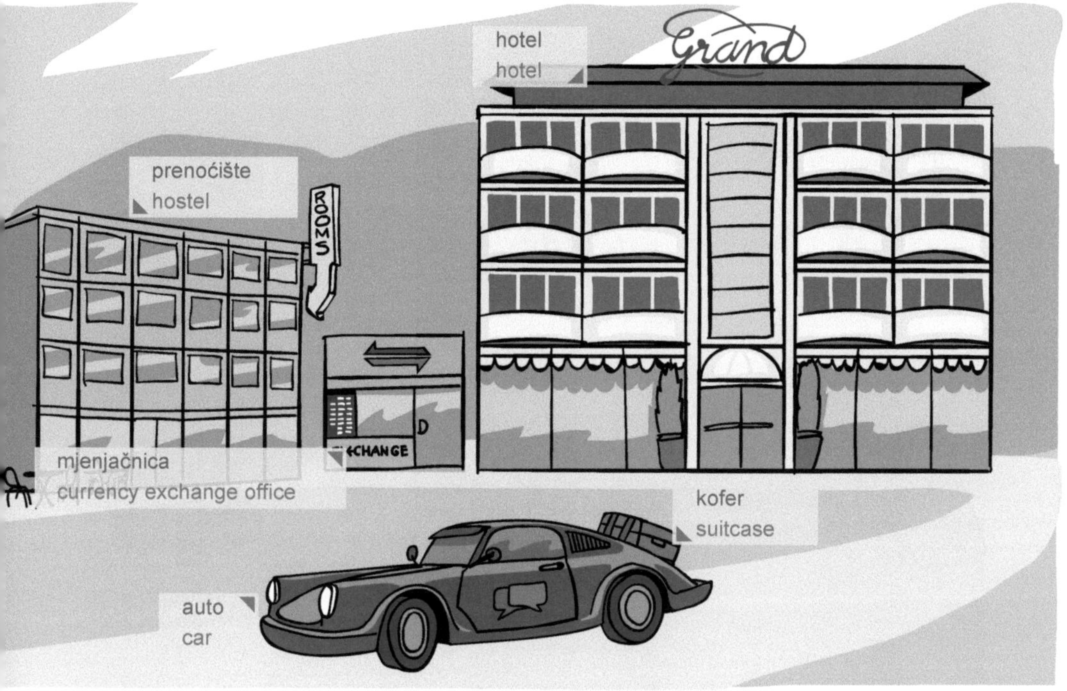

hotel
hotel
Grand
prenoćište
hostel
ROOMS
EXCHANGE
mjenjačnica
currency exchange office
kofer
suitcase
auto
car

jezik
language

da / ne
yes / no

okay
Okay

zdravo
hello

prevoditelj
translator

hvala
Thank you

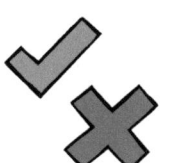

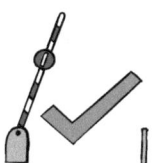

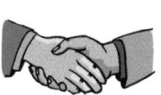

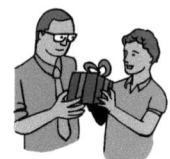

Koliko košta...?

how much is...?

ne razumijem

I don´t get it

problem

problem

dobro veče!

Good evening!

Dobro jutro!

Good morning!

Laku noć!

Good night!

doviđenja

goodbye

smjer

direction

prtljaga

luggage

torba

bag

ruksak

backpack

gost

guest

soba

room

vreća za spavanje

sleeping bag

šator

tent

putovanje - travel

turističke informacije

tourist information

plaža

beach

kreditna kartica

credit card

doručak

breakfast

ručak

lunch

večera

dinner

karta za vožnju

Ticket

dizalo

elevator

poštanska markica

stamp

granica

border

carina

customs

ambasada

embassy

viza

visa

putovnica

passport

transport

transport

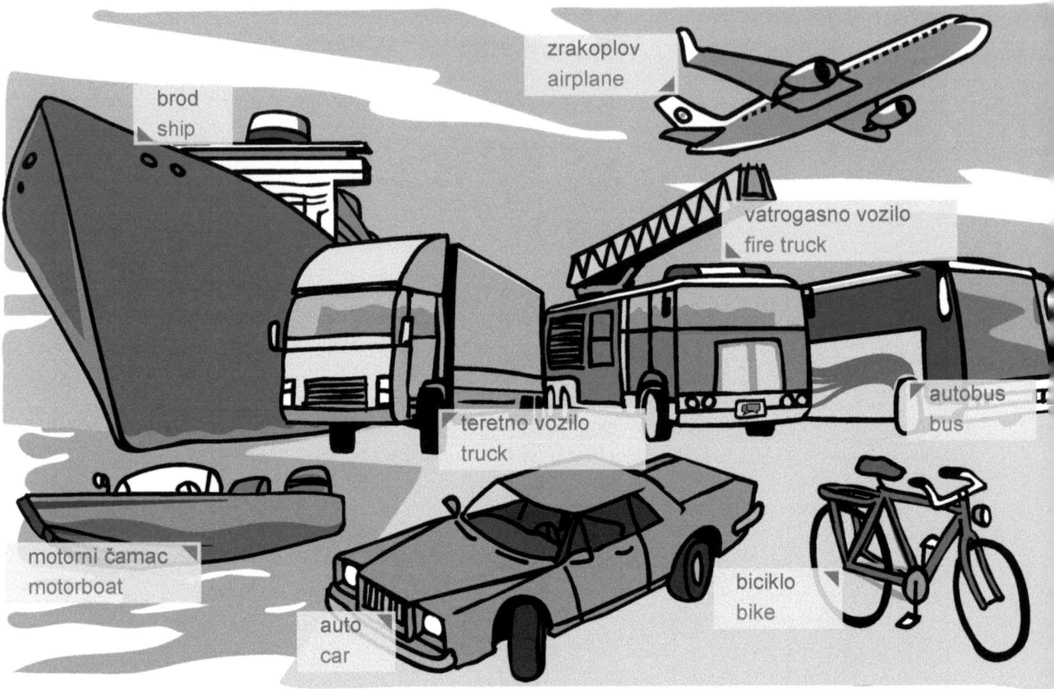
zrakoplov
airplane
brod
ship
vatrogasno vozilo
fire truck
autobus
bus
teretno vozilo
truck
motorni čamac
motorboat
biciklo
bike
auto
car

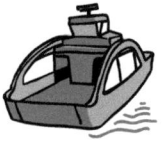

trajekt

ferry

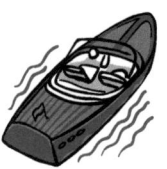

čamac

boat

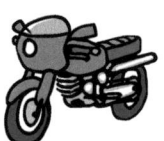

motocikl

motorbike

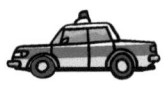

policijski auto

police car

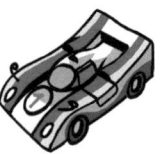

trkaći auto

racing car

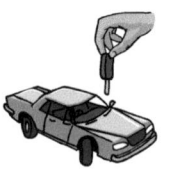

iznajmljeno auto

rental car

dijeljenje automobila

car sharing

vučno vozilo

tow truck

vozilo za odvoz smeća

garbage truck

motor

engine

benzin

fuel

benzinska postaja

fuel station

prometni znak

traffic sign

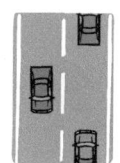

promet

traffic

zastoj

traffic jam

parkiralište

parking lot

kolodvor

train station

šine

tracks

vlak

train

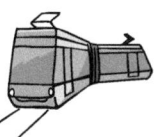

tramvaj

tram

vagon

wagon

transport - transport

helikopter
helicopter

zrakoplovna luka
airport

toranj
tower

putnik
passenger

kontejner
container

karton
carton

kolica
cart

košara
basket

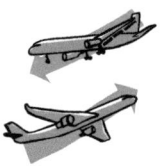

uzletjeti / sletjeti
take off / land

grad
city

selo
village

centar grada
city center

kuća
house

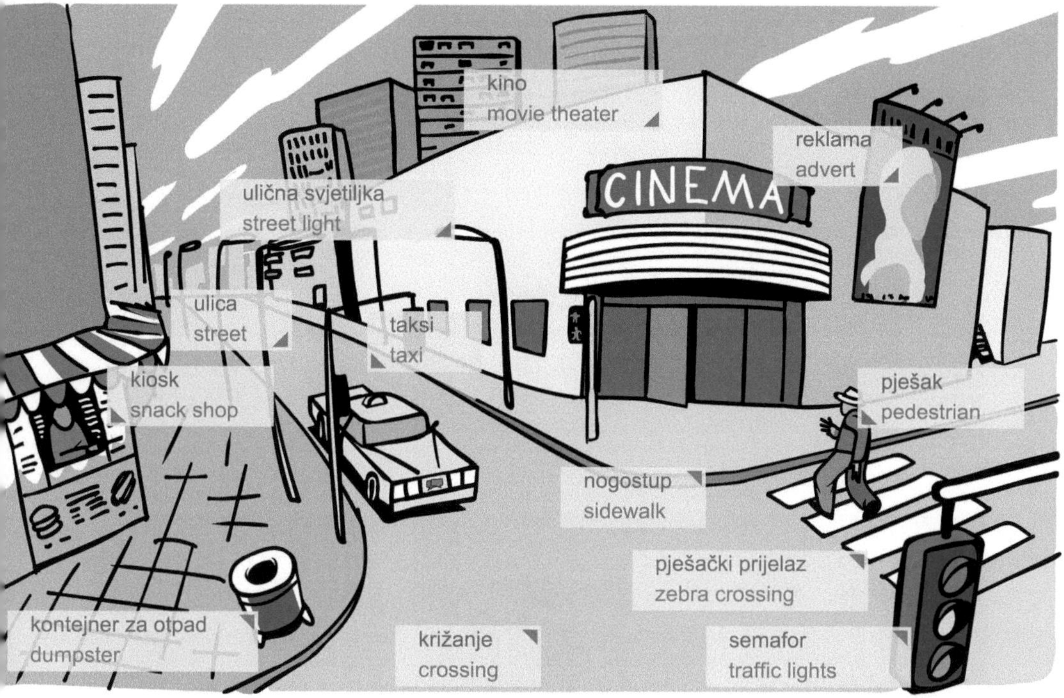

kino
movie theater

reklama
advert

ulična svjetiljka
street light

CINEMA

ulica
street

taksi
taxi

kiosk
snack shop

pješak
pedestrian

nogostup
sidewalk

pješački prijelaz
zebra crossing

kontejner za otpad
dumpster

križanje
crossing

semafor
traffic lights

koliba
....
hut

stan
....
apartment

kolodvor
....
train station

vijećnica
....
city hall

muzej
....
museum

škola
....
school

sveučilište

university

banka

bank

bolnica

hospital

hotel

hotel

ljekarna

pharmacy

ured

office

knjižara

book shop

prodavaonica

shop

cvjećara

flower shop

supermarket

supermarket

trg

market

robna kuća

department store

ribarnica

fishmonger's shop

trgovački centar

mall

luka

harbor

park

park

klupa

bench

most

bridge

stepenice

stairs

podzemna željeznica

subway

tunel

tunnel

autobusna stanica

bus stop

bar

bar

restoran

restaurant

poštansko sanduče

postbox

ulični znak

street sign

parkirni sat

parking meter

zoološki vrt

zoo

bazen

swimming pool

džamija

mosque

seosko gazdinstvo
farm

zagađenje okoliša
pollution

groblje
cemetery

crkva
church

igralište
playground

hram
temple

krajolik

landscape

list
leaf

putokaz
signpost

put
path

livada
meadow

kamen
stone

drvo
tree

šetač
hiker

rijeka
river

trava
grass

cvijet
flower

dolina

valley

planina

hill

jezero

lake

šuma

forest

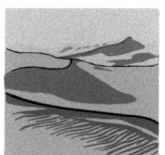

pustinja

desert

vulkan

volcano

dvorac

castle

duga

rainbow

gljiva

mushroom

palma

palm tree

moskito

mosquito

muha

fly

mrav

ant

pčela

bee

pauk

spider

buba

beetle

žaba

frog

vjeverica

squirrel

jež

hedgehog

zec

hare

sova

owl

ptica

bird

labud

swan

divlja svinja

boar

jelen

deer

los

moose

nasip

dam

vjetrenjača

wind turbine

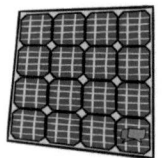

solarna ploča

solar panel

klima

climate

restoran
restaurant

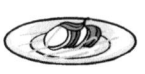

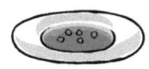

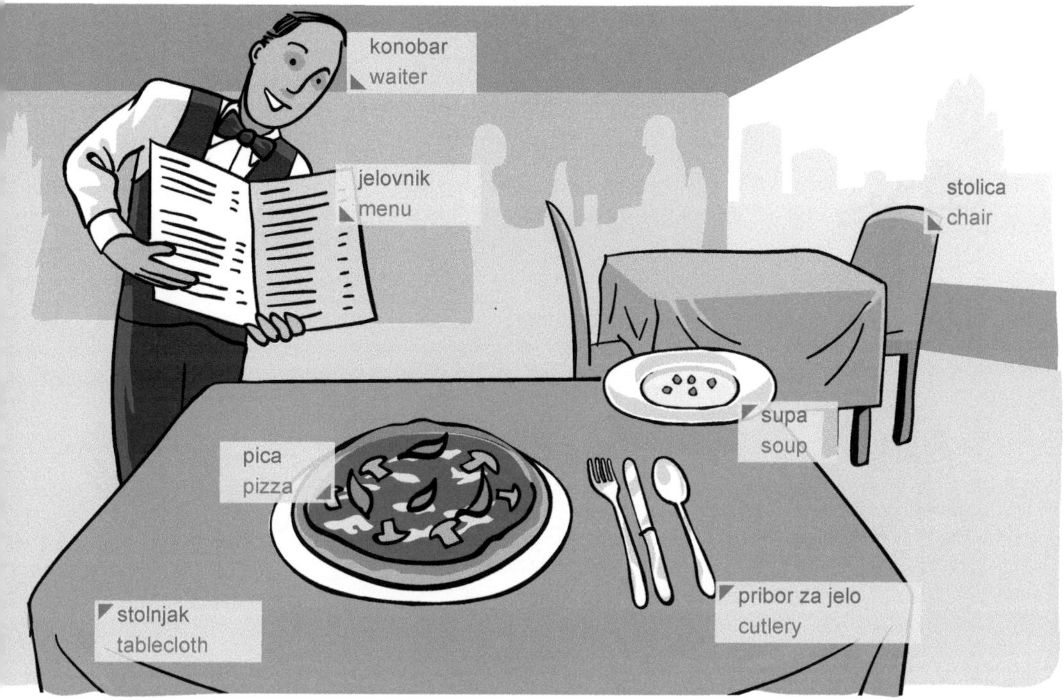
konobar
waiter
jelovnik
menu
stolica
chair
supa
soup
pica
pizza
pribor za jelo
cutlery
stolnjak
tablecloth

predjelo

starter

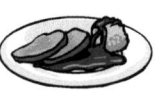

glavno jelo

main course

desert

dessert

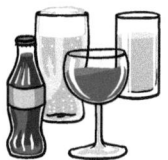

napitci

drinks

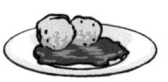

jelo

food

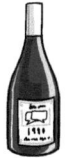

boca

bottle

fastfood

fast food

imbis hrana

street food

čajnik

teapot

doza za šećer

sugar bowl

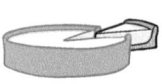

porcija

portion

aparat za espresso

espresso machine

visoka stolica

high chair

račun

bill

pladanj

tray

nož

knife

vilica

fork

žlica

spoon

čajna žlica

teaspoon

ubrus

serviette

čaša

glass

tanjur

plate

tanjur za supu

soup plate

tanjurić

saucer

sos

sauce

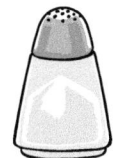

soljenka

salt shaker

mlin za biber

pepper mill

ocat

vinegar

ulje

oil

začini

spices

kečap

ketchup

senf

mustard

majoneza

mayonnaise

supermarket
supermarket

ponuda
special offer
FOR
kupac
customer
mliječni proizvodi
dairy products
voće
fruit
kolica za kupnju
shopping cart

BUTCHERS

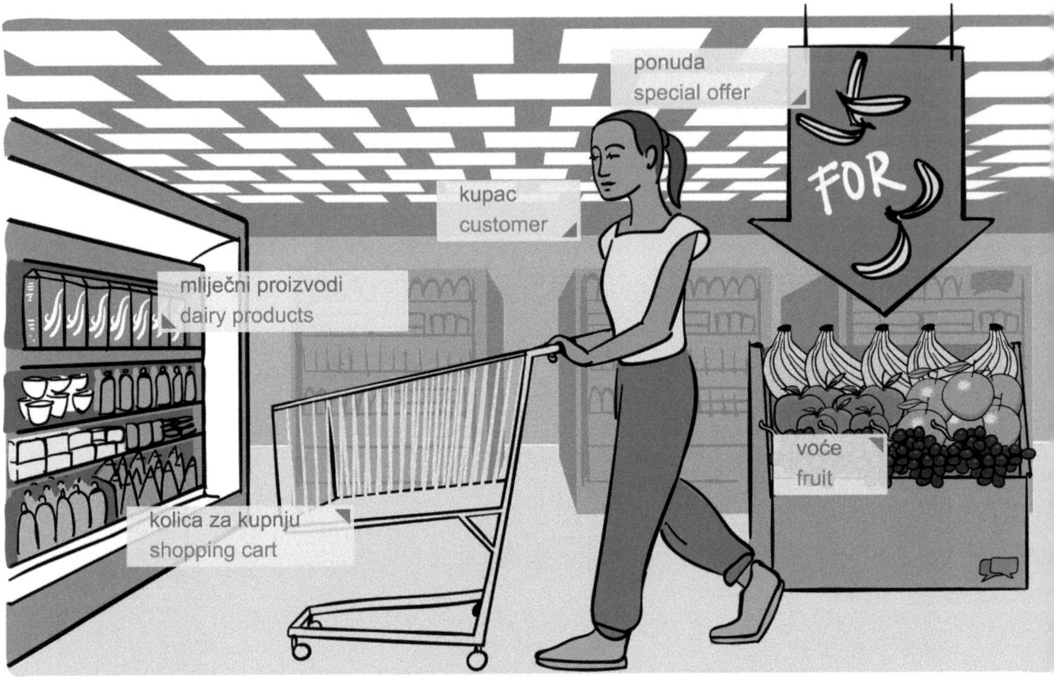

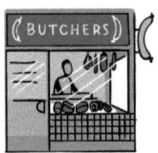

mesnica

butcher's shop

BAKERY

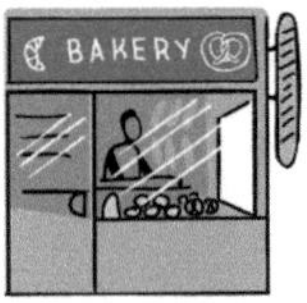

pekarnica

bakery

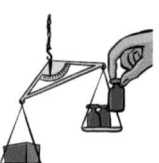

vagati

weigh

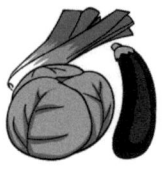

povrće

vegetables

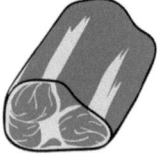

meso

meat

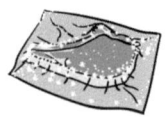

duboko smrznuta hrana

frozen food

narezak

cold cuts

konzerve

canned food

sredstvo za pranje

detergent

slatkiši

candy

artikli za domaćinstvo

household products

sredstva za čišćenje

cleaning products

prodavačica

sales representative

blagajna

cash register

blagajnik

cashier

lista za kupnju

shopping list

vrijeme rada

opening hours

novčanik

wallet

kreditna kartica

credit card

torba

bag

plastična vrećica

plastic bag

voda

water

sok

juice

mlijeko

milk

cola

coke

vino

wine

pivo

beer

alkohol

alcohol

kakao

cocoa

čaj

tea

kava

coffee

espresso

espresso

cappuccino

cappuccino

banana

banana

jabuka

apple

naranča

orange

lubenica

melon

limun

lemon

mrkva

carrot

češnjak

garlic

bambus

bamboo

luk

onion

gljiva

mushroom

orašasti plodovi

nuts

rezanci

noodles

špagete

spaghetti

riža

rice

salata

salad

pomfrit

fries

pečeni krumpir

fried potatoes

pica

pizza

hamburger

hamburger

sendvič

sandwich

šnicla

escalope

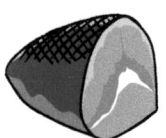

pršut

ham

salama

salami

kobasica

sausage

kokoš

chicken

pečenje

roast

riba

fish

zobene pahuljice

porridge oats

musli

muesli

kukuruzne pahuljice

cornflakes

brašno

flour

roščić

croissant

pecivo

bread roll

kruh

bread

toast

toast

keksi

cookies

maslac

butter

svježi sir

curd

kolač

cake

jaje

egg

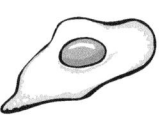

jaje na oko

fried egg

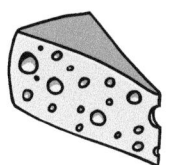

sir

cheese

sladoled

ice cream

šećer

sugar

med

honey

marmelada

jelly

nugat krema

nougat cream

curry

curry

seosko gazdinstvo
farm

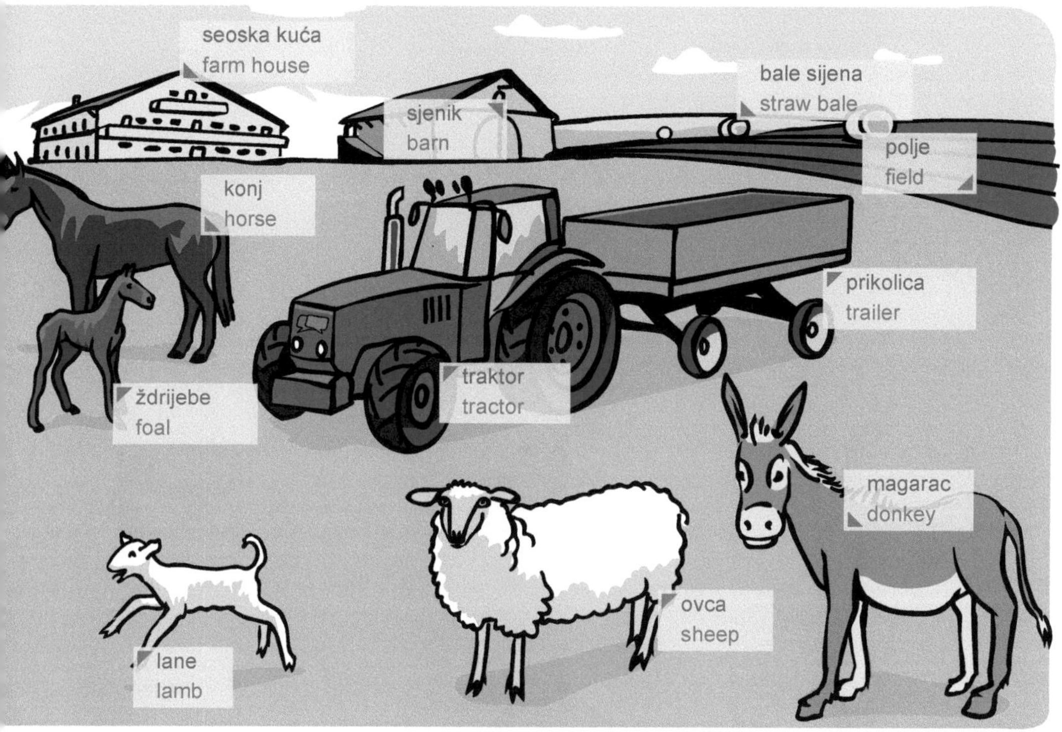
seoska kuća
farm house
sjenik
barn
bale sijena
straw bale
polje
field
konj
horse
prikolica
trailer
traktor
tractor
ždrijebe
foal
magarac
donkey
ovca
sheep
lane
lamb

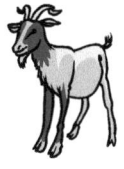

koza

goat

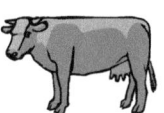

krava

cow

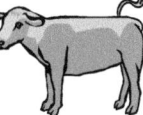

tele

calf

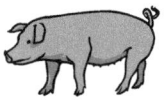

svinja

pig

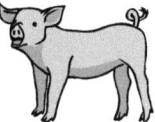

prase

piglet

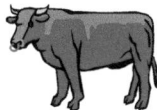

bik

bull

guska
goose

patka
duck

pilići
chick

kokoš
hen

pijetao
cockerel

pacov
rat

mačka
cat

miš
mouse

vol
ox

pas
dog

kućica za psa
dog house

vrtno crijevo
garden hose

kanta za polijevanje
watering can

kosa
scythe

plug
plow

srp
sickle

motika
hoe

vilica za gnojivo
pitchfork

sjekira
axe

tačke
pushcart

korito
trough

posuda za mlijeko
milk can

vreća
sack

ograda
fence

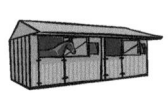

štala
stable

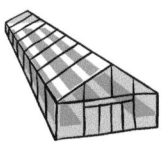

staklenik
greenhouse

zemlja
soil

sjeme
seed

gnojivo
fertilizer

kombajn
combine harvester

žanjati

harvest

žetva

harvest

yams začin

yams

pšenica

wheat

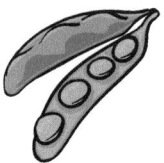

soja

soya

krumpir

potato

kukuruz

corn

uljana repica

rapeseed

voćka

fruit tree

gomolj manioke

manioc

žitarice

grain

kuća
house

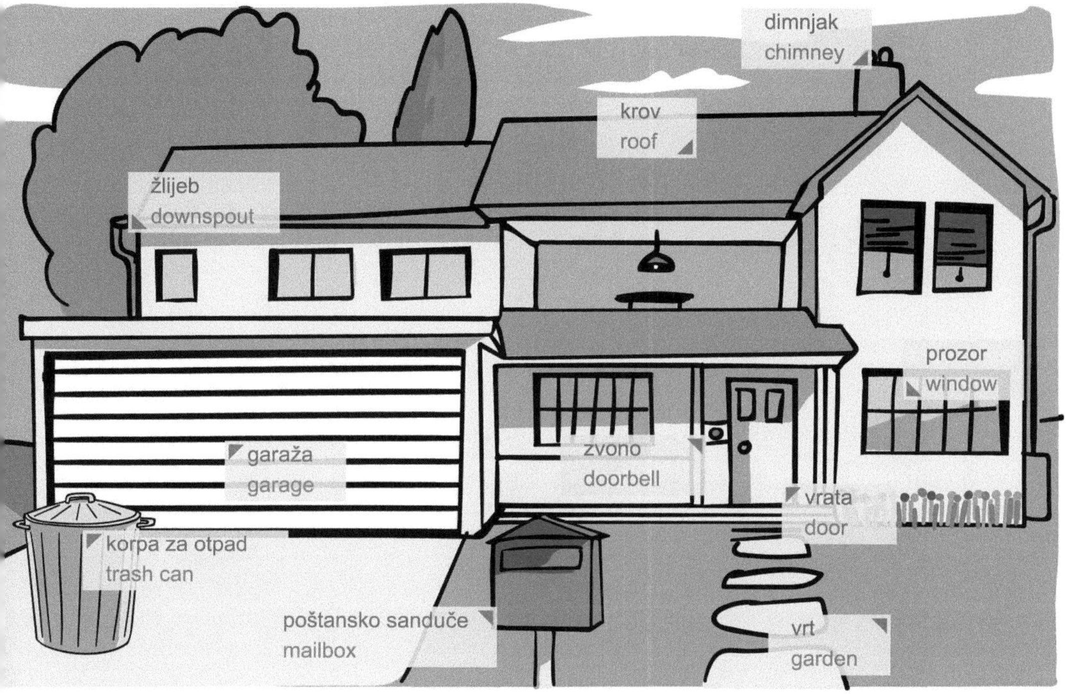
dimnjak
chimney
krov
roof
žlijeb
downspout
prozor
window
garaža
garage
zvono
doorbell
vrata
door
korpa za otpad
trash can
poštansko sanduče
mailbox
vrt
garden

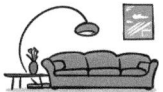

dnevna soba

living room

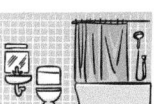

kupaonica

bathroom

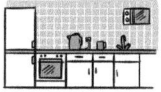

kuhinja

kitchen

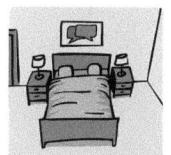

spavaća soba

bedroom

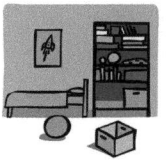

dječija soba

kids room

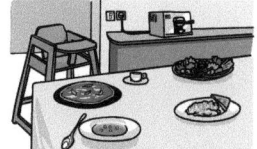

trpezarija

dining room

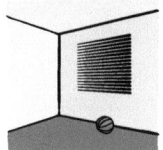

pod

floor

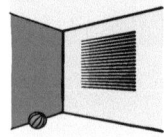

zid

wall

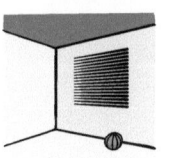

strop

ceiling

podrum

cellar

sauna

sauna

balkon

balcony

terasa

terrace

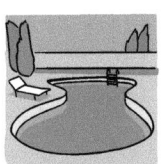

bazen

pool

kosilica za travu

lawn mower

posteljina za krevet

sheet

deka za krevet

bedspread

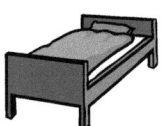

krevet

bed

metla

broom

kanta

bucket

sklopka

switch

dnevna soba
living room

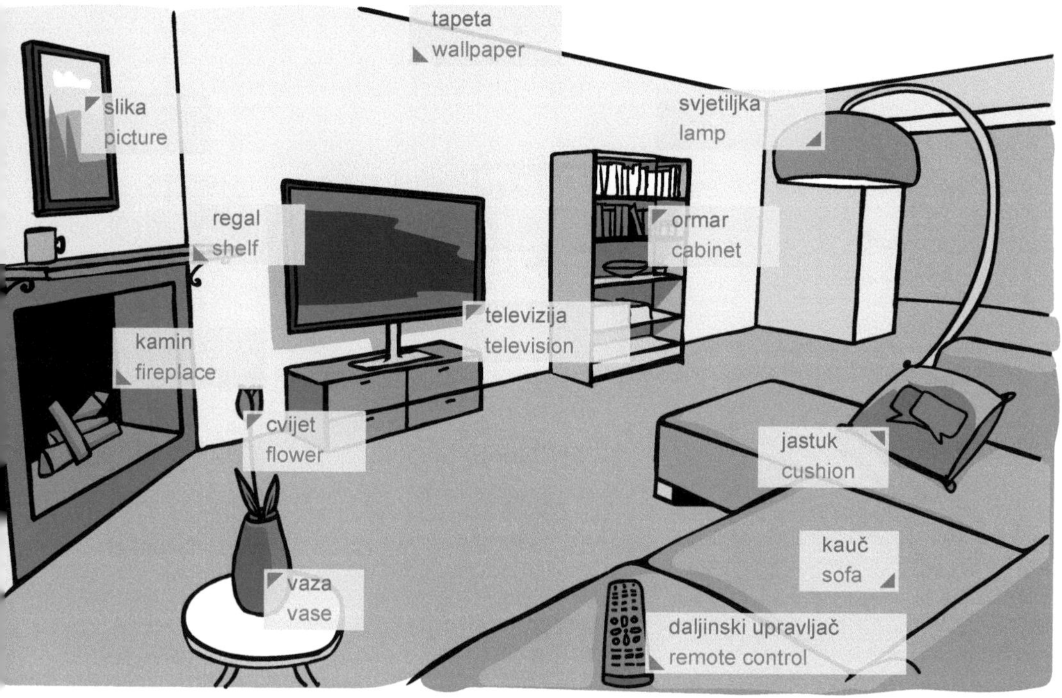
tapeta
wallpaper
slika
picture
svjetiljka
lamp
regal
shelf
ormar
cabinet
televizija
television
kamin
fireplace
cvijet
flower
jastuk
cushion
kauč
sofa
vaza
vase
daljinski upravljač
remote control

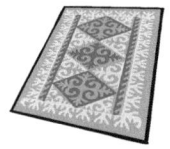

tepih
carpet

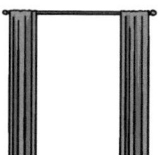

zavjesa
drape

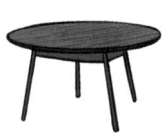

stol
table

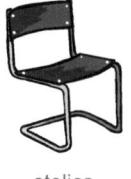

stolica
chair

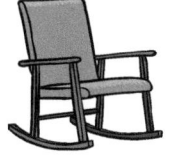

stolica za njihanje
rocking chair

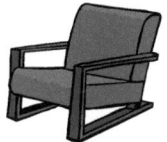

fotelja
armchair

knjiga

book

deka

blanket

dekoracija

decoration

drvo za ogrjev

firewood

film

film

stereo uređaj

stereo system

ključ

key

novine

newspaper

slika na platnu

painting

poster

poster

radio

radio

blok za pisanje

notebook

usisavač

vacuum cleaner

kaktus

cactus

svijeća

candle

kuhinja
kitchen

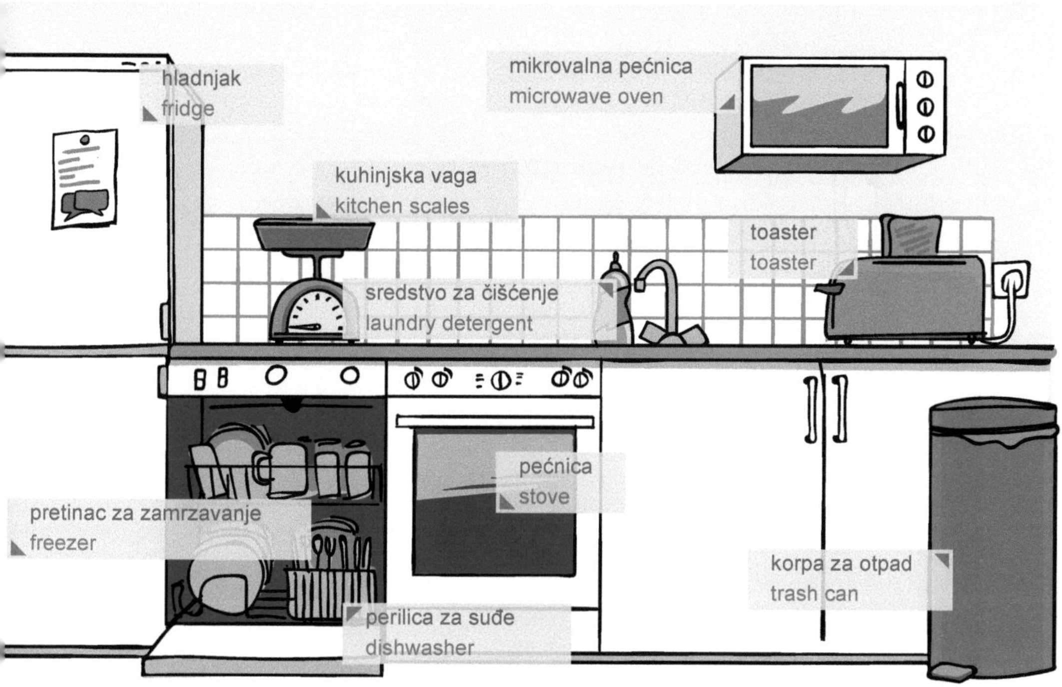

hladnjak
fridge
mikrovalna pećnica
microwave oven
kuhinjska vaga
kitchen scales
toaster
toaster
sredstvo za čišćenje
laundry detergent
pećnica
stove
pretinac za zamrzavanje
freezer
korpa za otpad
trash can
perilica za suđe
dishwasher

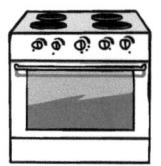

štednjak

cooker

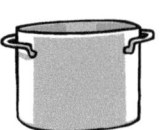

lonac

pot

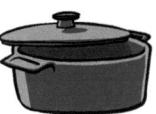

željezni lonac

cast-iron pot

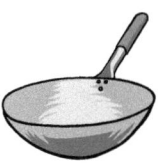

wok / kadai

wok / kadai

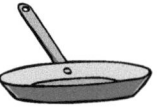

tava

pan

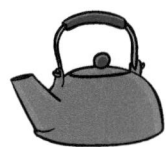

kuhalo za vodu

kettle

kuhalo na paru

steamer

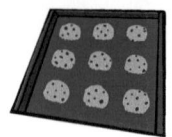

lim za pečenje

baking tray

posuđe

crockery

čaša

mug

zdjela

bowl

štapići za jelo

chopsticks

kutljača

ladle

lopatica

spatula

pjenjača

whisk

sito za kuhanje

strainer

sito

sieve

ribež

grater

mužar

mortar

roštilj

barbecue

ognjište

fireplace

daska

chopping board

oklagija

rolling pin

vadičep

corkscrew

konzerva

can

otvarač konzervi

can opener

krpa za lonac

oven cloth

sudoper

sink

četka

brush

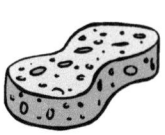

spužva

sponge

mikser

blender

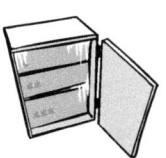

zamrzivač

deep freezer

bočica za bebe

baby bottle

slavina za vodu

tap

kupaonica
bathroom

grijanje
heating
ručnik
towel
tuš
shower
zavjesa za tuš
shower curtain
pjenušava kupka
bubble bath
kada
bathtub
čaša
glass
perilica za rublje
washing machine
slavina za vodu
tap
pločice
tiles
dječja kahlica
potty
sudoper
sink

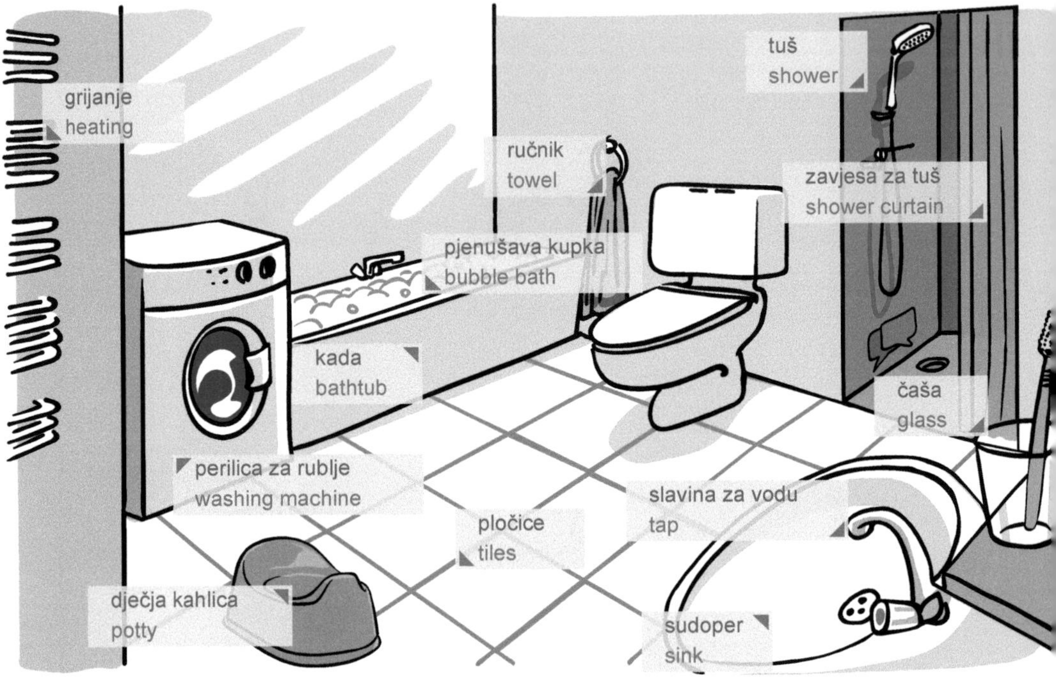

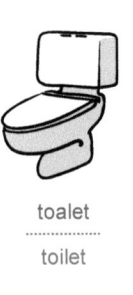

toalet
toilet

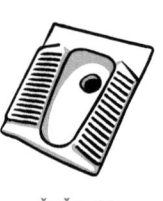

čučavac
squat toilet

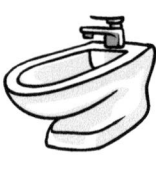

bidet
bidet

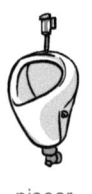

pisoar
urinal

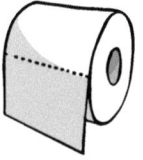

papir za toalet
toilet paper

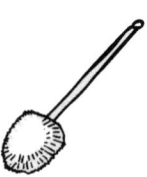

četka za toalet
toilet brush

četkica za zube

toothbrush

pasta za zube

toothpaste

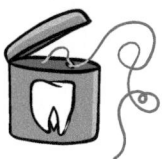

konac za zube

dental floss

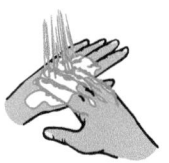

prati

wash

tuš ručica

hand shower

tuš za pranje intimnih dijelova

douche

lavor

basin

četka za pranje leđa

back brush

sapun

soap

gel za tuširanje

shower gel

šampon

shampoo

krpa za pranje

flannel

odvod

drain

krema

creme

dezodorans

deodorant

ogledalo

mirror

kozmetičko ogledalo

hand mirror

brijač

razor

pjena za brijanje

shaving foam

losion za poslije brijanja

aftershave

češalj

comb

četka

brush

sušilo za kosu

hair-dryer

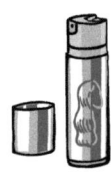

sprej za kosu

hairspray

makeup

makeup

ruž za usne

lipstick

lak za nokte

nail varnish

vata

cotton wool

škare za nokte

nail scissors

parfem

perfume

neseser

washbag

stolica

stool

vaga

weighing scales

ogrtač

bathrobe

rukavice za čišćenje

rubber gloves

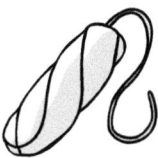

tampon

tampon

uložak

sanitary towel

kemijski toalet

chemical toilet

dječija soba

kids room

budilnik
alarm clock
plišana igračka
cuddly toy
auto igračka
toy car
zvečka
rattle
kućica za lutke
doll's house
poklon
present

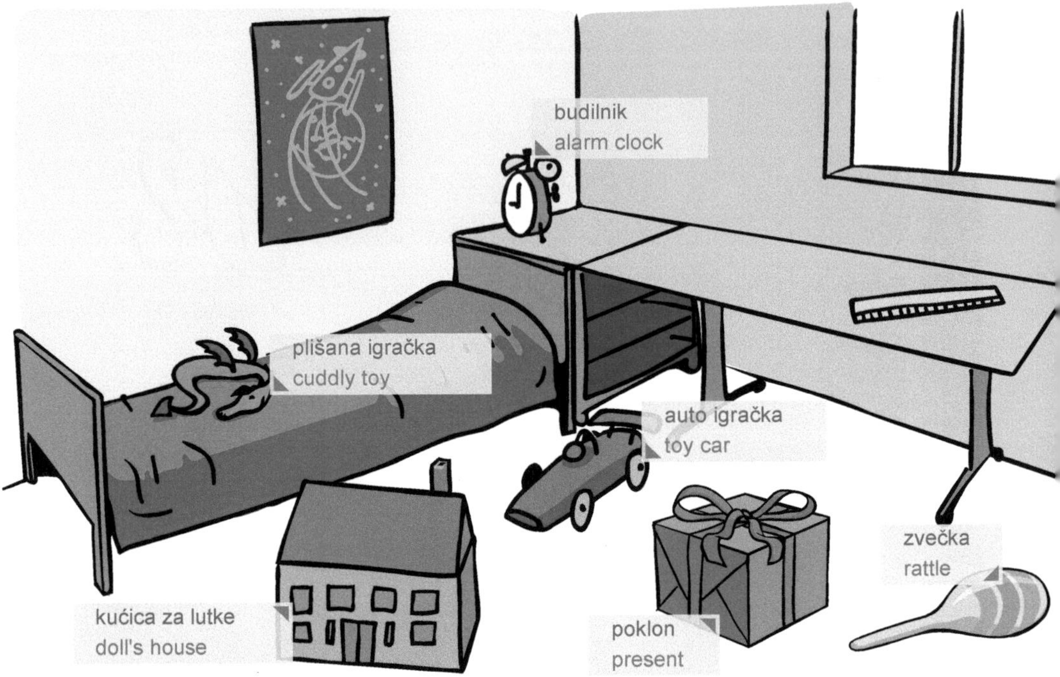

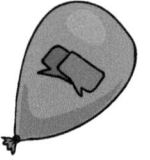

balon

balloon

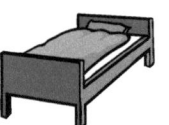

krevet

bed

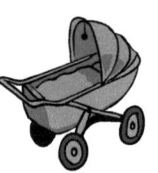

dječija kolica

stroller

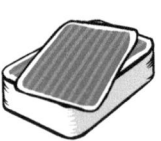

igra s kartama

deck of cards

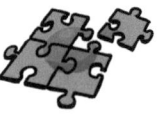

slagalica

jigsaw

strip

comic

lego kockice

lego bricks

kockice za slaganje

toy blocks

akcioni junak

action figure

kombinezon za bebe

romper suit

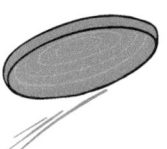

frizbi

frisbee

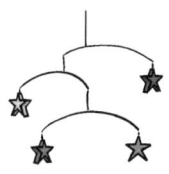

viseće igračke

mobile

društvene igre

board game

kocka

dice

minijaturna željeznica

model train set

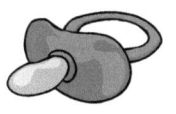

duda

pacifier

tulum

party

slikovnica

picture book

lopta

ball

lutka

doll

igrati

play

pješčanik

sandpit

ljuljačka

swing

igračka

toys

konzola za igre

video game console

tricikl

tricycle

plišani medo

teddy bear

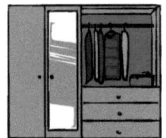

ormar

wardrobe

odjeća
clothing

kratke čarape

socks

čarape

stockings

hulahopke

tights

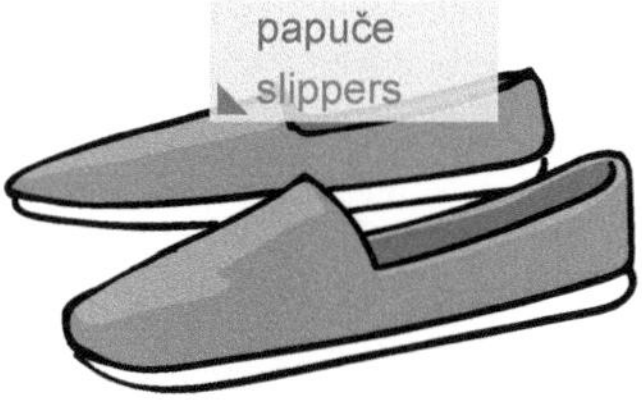

šal
scarf

kišobran
umbrella

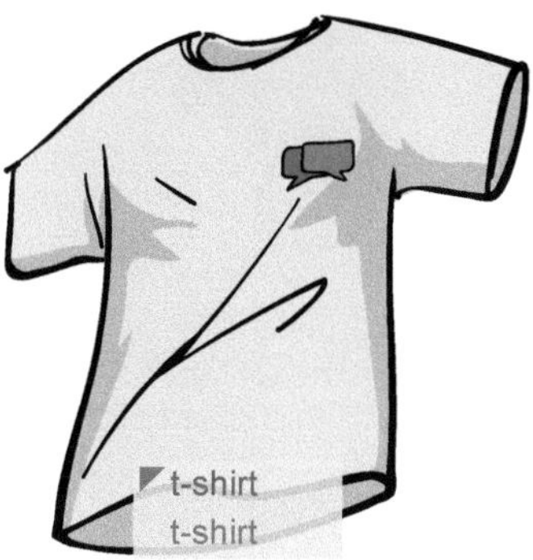

t-shirt
t-shirt

kaiš
belt

čizme
boots

papuče
slippers

patike
sneakers

sandale
sandals

cipele
shoes

gumene čizme
rubber boots

gaćice
underwear

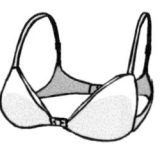

grudnjak
bra

potkošulja
undershirt

bodi
body

hlače
pants

džins
jeans

haljina
skirt

bluza
blouse

košulja
shirt

džemper
pullover

pulover s kapuljačom
sweater

blejzer
blazer

jakna
jacket

kaput
coat

kabanica
raincoat

kostim
costume

haljina
dress

vjenčanica
wedding dress

odijelo

suit

spavaćica

nightgown

pidžama

pajamas

sari

sari

rubac

headscarf

turban

turban

burka

burka

kaftan

kaftan

abaja

abaya

kupaći kostim

swimsuit

kupaće gaćice

trunks

kratke hlače

shorts

odjeća za trening

tracksuit

pregača

apron

rukavice

gloves

gumb

button

naočale

glasses

narukvica

bracelet

ogrlica

necklace

prsten

ring

naušnica

earring

kapa

cap

vješalica

coat hanger

šešir

hat

kravata

tie

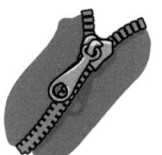

patent zatvarač

zip

kaciga

helmet

naramenice

braces

školska uniforma

school uniform

uniforma

uniform

podbradak

bib

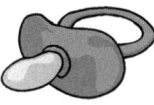

duda

pacifier

pelena

diaper

ured
office

server
server

ormar za spise
filing cabinet

pisač
printer

papir
paper

monitor
monitor

pisaći stol
desk

miš
mouse

mapa
folder

tipkovnica
keyboard

košara za papir
waste-paper basket

stolica
chair

računar
computer

šalica za kavu

coffee mug

kalkulator

calculator

internet

internet

laptop

laptop

pismo

letter

poruka

message

mobilni telefon

cell phone

mreža

network

uređaj za kopiranje

photocopier

softver

software

telefon

telephone

utičnica

plug socket

faks

fax machine

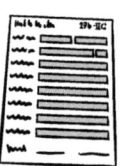

obrazac

form

dokument

document

kupovati

buy

platiti

pay

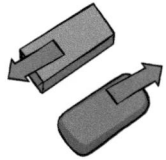

trgovati

trade

novac

money

dolar

dollar

euro

euro

jen

yen

rubalj

rouble

švicarski franak

Swiss franc

renmindbi yuan

renminbi yuan

rupija

rupee

automat za novac

cash point

mjenjačnica

currency exchange office

zlato

gold

srebro

silver

nafta

oil

energija

energy

cijena

price

ugovor

contract

porez

tax

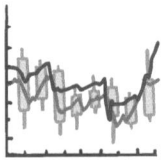

dionica

stock

raditi

work

službenik

employee

poslodavac

employer

tvornica

factory

prodavaonica

shop

zanimanja
occupations

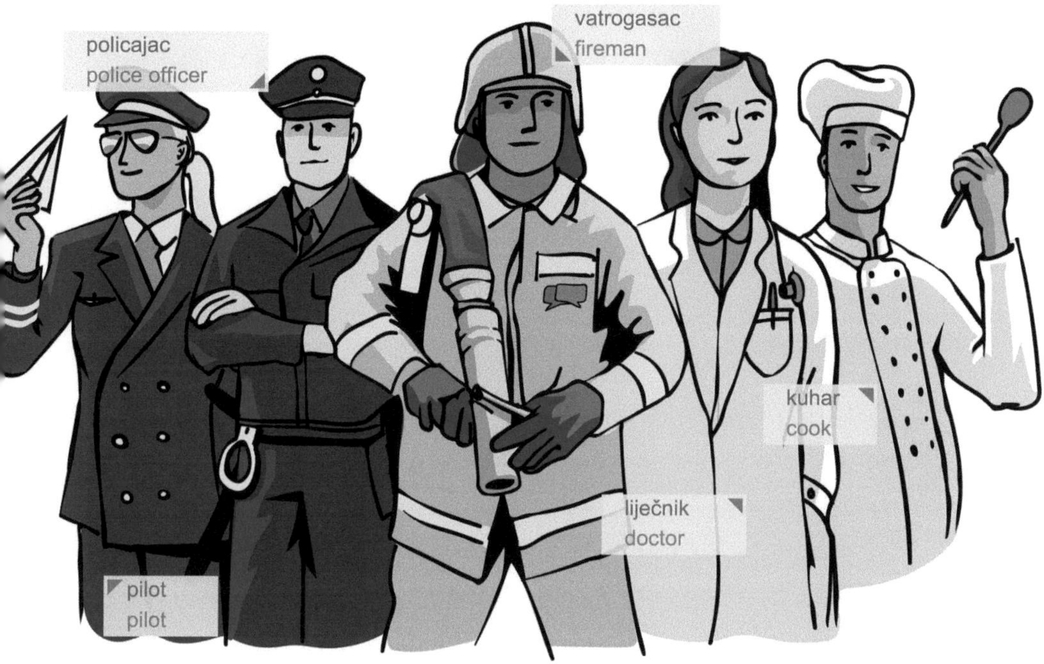
policajac
police officer
vatrogasac
fireman
kuhar
cook
liječnik
doctor
pilot
pilot

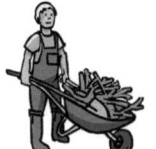

vrtlar

gardener

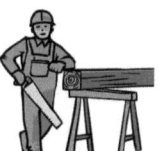

stolar

carpenter

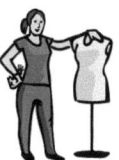

krojačica

seamstress

sudija

judge

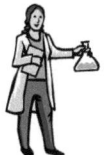

kemičar

chemist

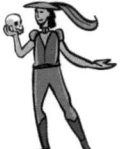

glumac

actor

vozač autobusa

bus driver

vozač taksija

taxi driver

ribar

fisherman

čistačica

cleaning lady

krovopokrivač

roofer

konobar

waiter

lovac

hunter

slikar

painter

pekar

baker

električar

electrician

građevinski radnik

builder

inženjer

engineer

mesar

butcher

limar

plumber

poštar

postman

vojnik
soldier

arhitekta
architect

blagajnik
cashier

cvjećar
florist

frizer
hairdresser

kondukter
conductor

mehaničar
mechanic

kapetan
captain

zubar
dentist

znanstvenik
scientist

rabi
rabbi

imam
imam

monah
monk

svećenik
pastor

alati
tools

klješta
pliers
čekić
hammer
odvijač
screwdriver
džepna svjetiljk
torch
ključ za vijke
wrench

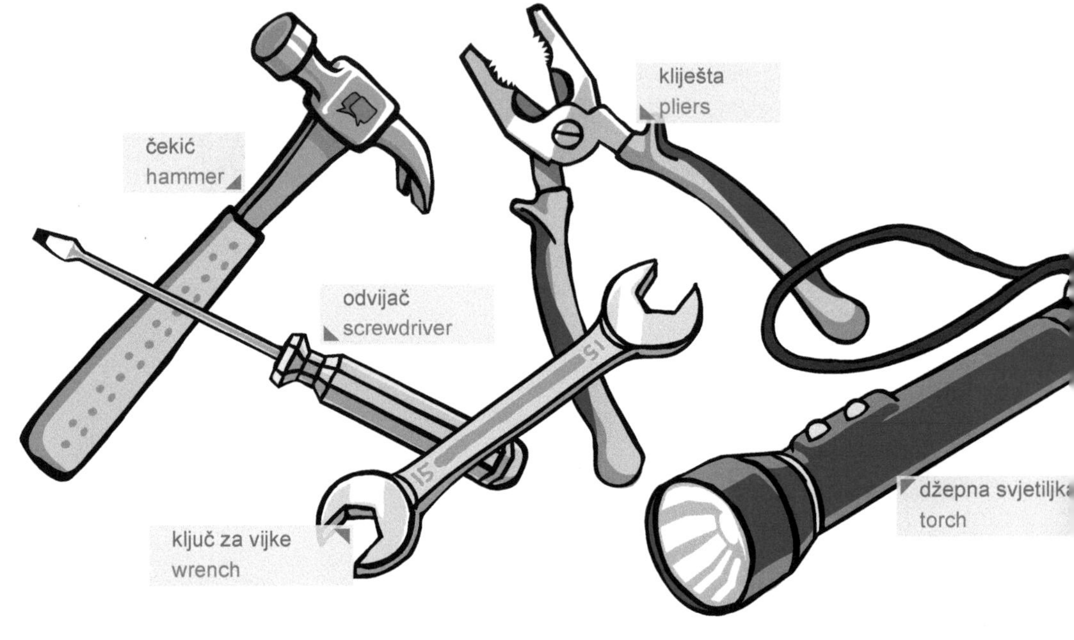

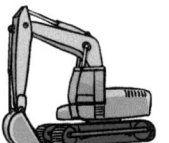

rovokopač

excavator

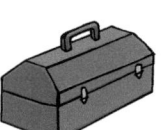

kutija za alat

toolbox

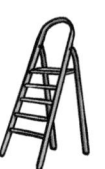

ljestve

ladder

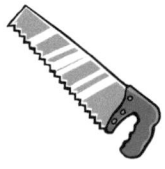

pila

saw

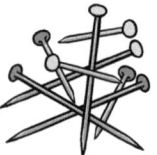

ekser

nails

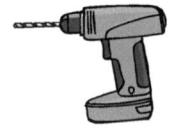

bušilica

drill

popraviti

repair

lopata

shovel

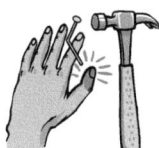

Sranje!

Damn!

lopatica

dustpan

lonac za boju

paint can

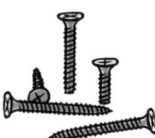

vijci

screws

glazbeni instrument

musical instruments

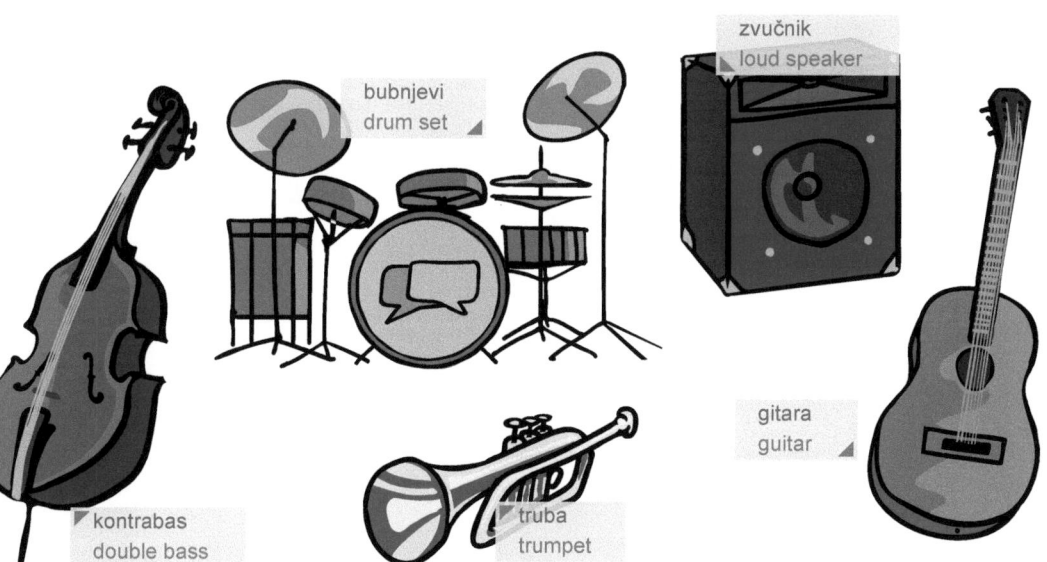

zvučnik
loud speaker

bubnjevi
drum set

gitara
guitar

kontrabas
double bass

truba
trumpet

klavir

piano

violina

violin

bas

bass

timpani

timpani

udaraljke za bubnjeve

drums

keyboard

keyboard

saksofon

saxophone

flauta

flute

mikrofon

microphone

glazbeni instrument - musical instruments

zoološki vrt

zoo

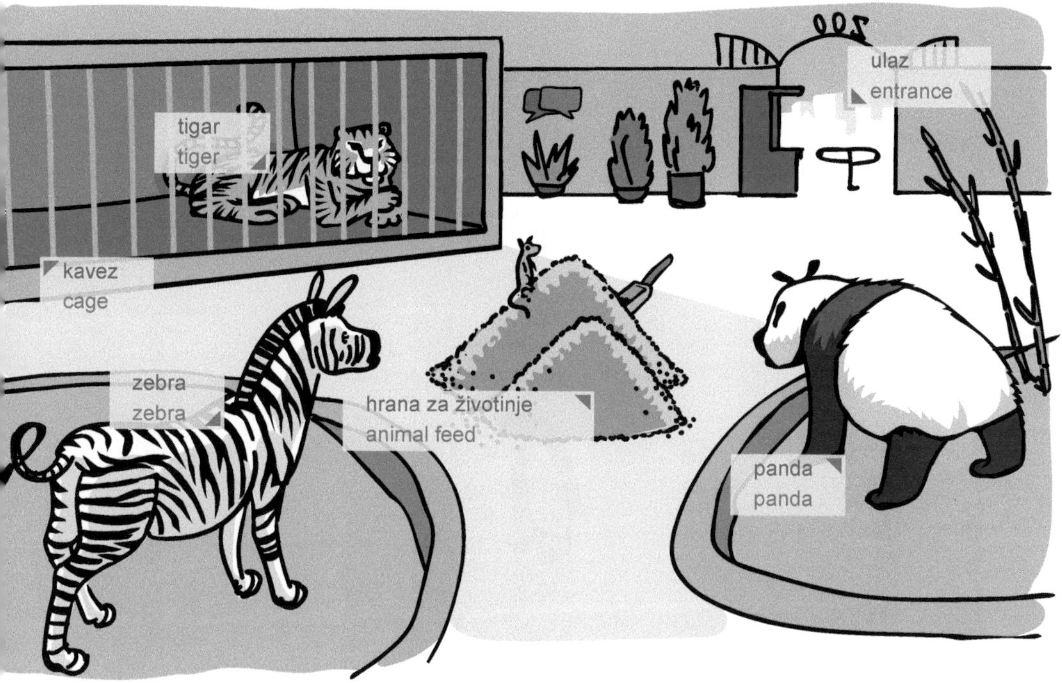

ulaz
entrance
tigar
tiger
kavez
cage
zebra
zebra
hrana za životinje
animal feed
panda
panda

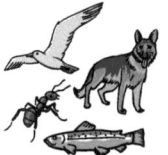

životinje

animals

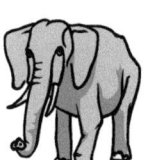

slon

elephant

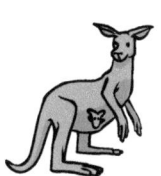

kengur

kangaroo

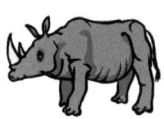

nosorog

rhino

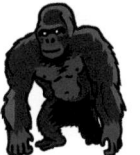

gorila

gorilla

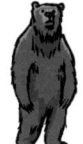

medvjed

bear

kamila

camel

noj

ostrich

lav

lion

majmun

monkey

flamingo

flamingo

papagaj

parrot

polarni medvjed

polar bear

pingvin

penguin

ajkula

shark

paun

peacock

zmija

snake

krokodil

crocodile

čuvar u zoološkom vrtu

zookeeper

tuljan

seal

jaguar

jaguar

poni
pony

leopard
leopard

nilski konj
hippo

žirafa
giraffe

orao
eagle

divlja svinja
boar

riba
fish

kornjača
turtle

morž
walrus

lisica
fox

gazela
gazelle

američki nogomet
American football

biciklizam
cycling

tenis
tennis

košarka
basketball

plivanje
swimming

boks
boxing

hockey na ledu
ice hockey

nogomet

soccer

badminton

badminton

atletika

athletics

rukomet

handball

skijanje

skiing

polo

polo

skočiti
jump

smijati se
laugh

zagrliti
hug

ići
walk

pjevati
sing

sanjati
dream

moliti se
pray

poljubiti
kiss

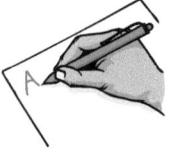

pisati

write

crtati

draw

pokazati

show

gurati

push

dati

give

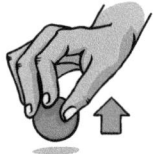

uzeti

take

aktivnosti - activities

imati

have

činiti

do

biti

be

stojati

stand

trčati

run

povlačiti

pull

baciti

throw

padati

fall

ležati

lie

čekati

wait

nositi

carry

sjediti

sit

oblačiti

get dressed

spavati

sleep

probuditi se

wake up

gledati

look at

plakati

cry

milovati

stroke

češljati

comb

govoriti

talk

razumjeti

understand

pitati

ask

slušati

listen

piti

drink

jesti

eat

pospremiti

tidy up

voljeti

love

kuhati

cook

voziti

drive

letjeti

fly

aktivnosti - activities

ploviti

sail

računati

calculate

čitati

read

učiti

learn

raditi

work

vjenčati se

marry

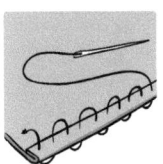

šiti

sew

prati zube

brush teeth

ubiti

kill

pušiti

smoke

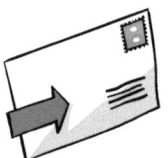

poslati

send

obitelj

family

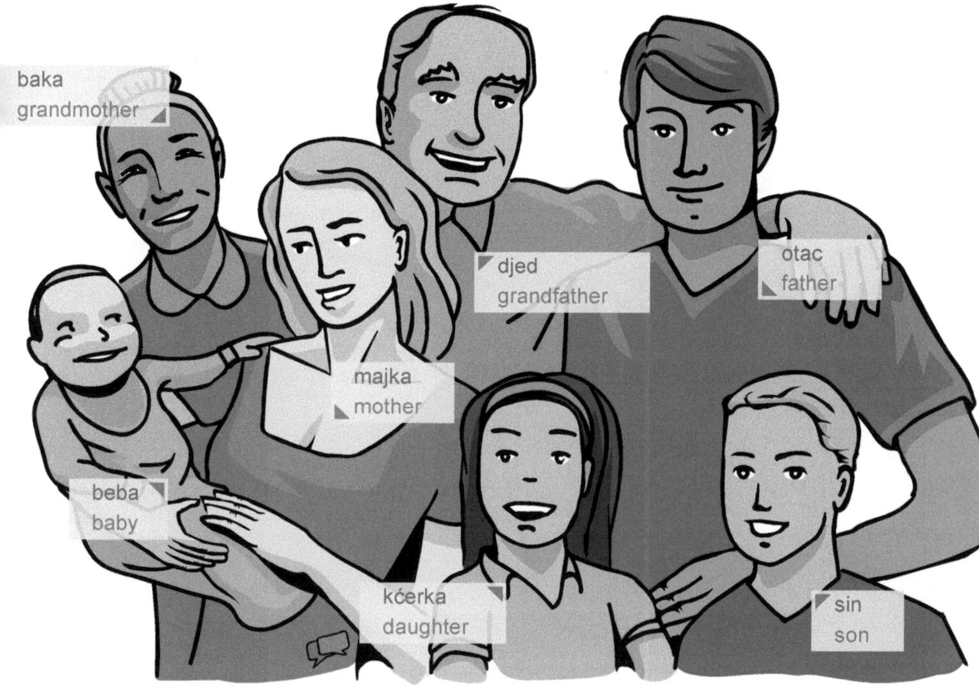
baka
grandmother
djed
grandfather
otac
father
majka
mother
beba
baby
kćerka
daughter
sin
son

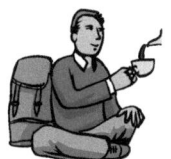

gost

guest

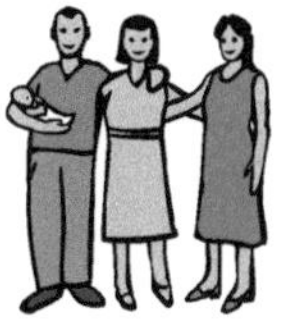

tetka

aunt

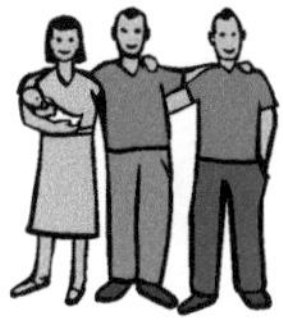

ujak, stric

uncle

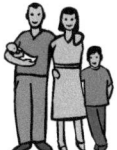

brat

brother

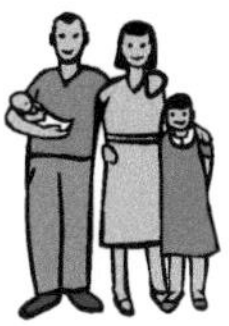

sestra

sister

tijelo
body

čelo
forehead
oko
eye
lice
face
brada
chin
grudi
breast
prst
finger
ruka
hand
ruka
arm
rame
shoulder
noga
leg

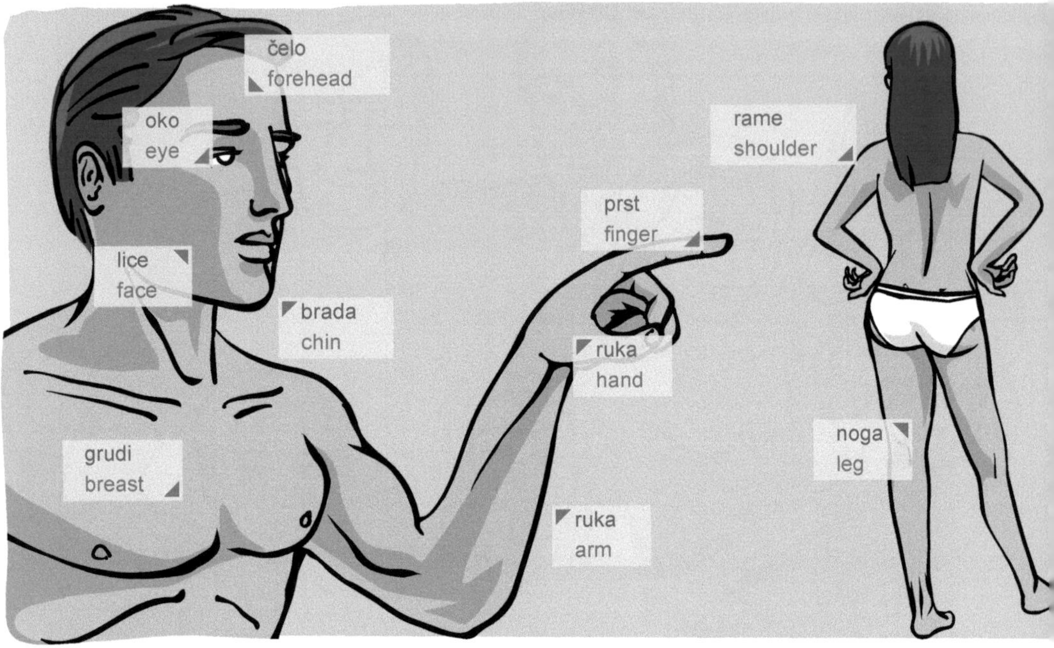

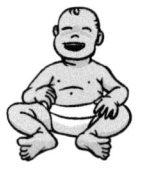

beba
baby

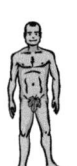

muškarac
man

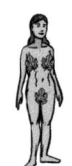

žena
woman

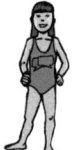

djevojčica
girl

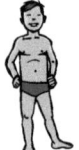

dječak
boy

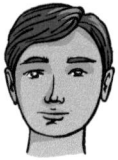

glava
head

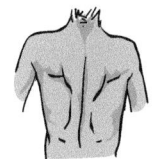

leđa

back

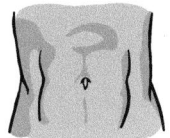

trbuh

belly

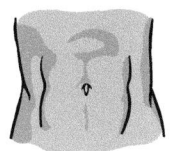

pupak

navel

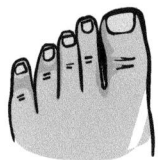

nožni prst

toe

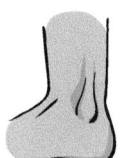

peta

heel

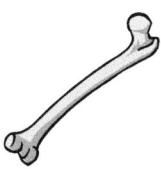

kost

bone

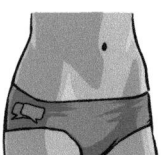

kuk

hip

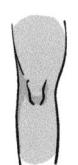

koljeno

knee

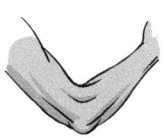

lakat

elbow

nos

nose

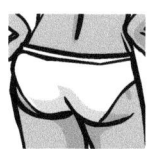

stražnjica

buttocks

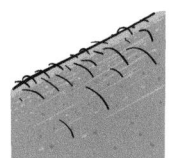

koža

skin

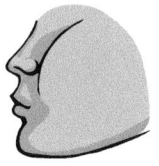

obraz

cheek

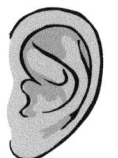

uho

ear

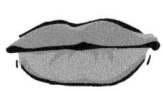

usna

lip

usta

mouth

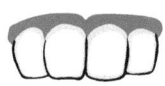

zub

tooth

jezik

tongue

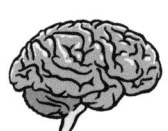

mozak

brain

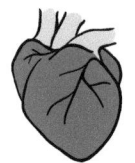

srce

heart

mišić

muscle

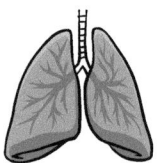

pluća

lung

jetra

liver

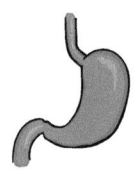

želudac

stomach

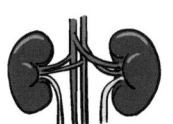

bubrezi

kidneys

snošaj

sex

kondom

condom

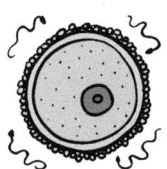

jajna stanica

ovum

sperma

semen

trudnoća

pregnancy

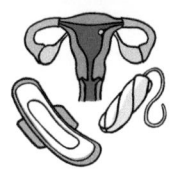

menstruacija

menstruation

vagina

vagina

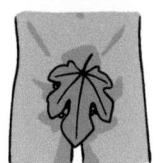

penis

penis

obrva

eyebrow

kosa

hair

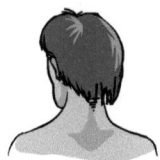

vrat

neck

bolnica
hospital

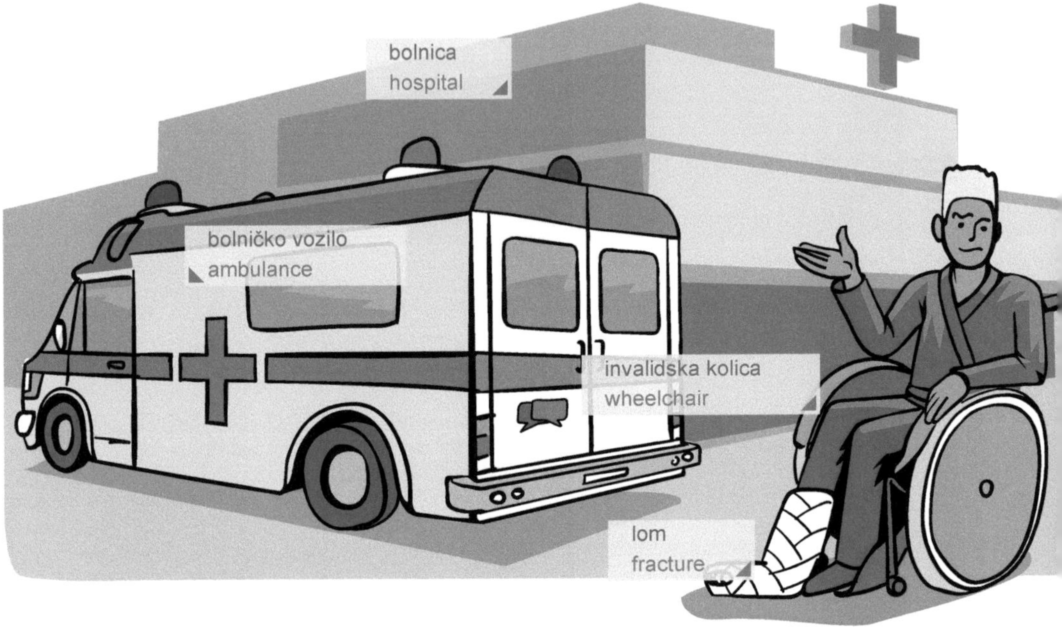

bolnica
hospital
bolničko vozilo
ambulance
invalidska kolica
wheelchair
lom
fracture

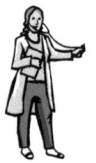

liječnik

doctor

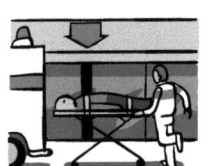

hitna medicinska služba

emergency room

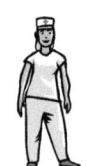

medicinska sestra

nurse

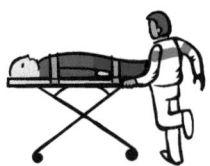

hitni slučaj

emergency

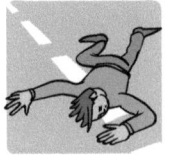

nesvijest

unconscious

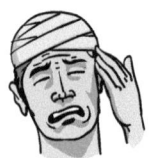

bol

pain

ozljeda

injury

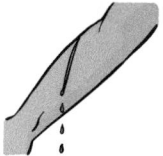

krvarenje

bleeding

srćani infarkt

heart attack

moždani udar

stroke

alergija

allergy

kašalj

cough

groznica

fever

gripa

flu

proljev

diarrhea

glavobolja

headache

rak

cancer

dijabetes

diabetes

kirurg

surgeon

skalpel

scalpel

operacija

operation

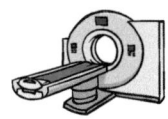

ct

CT

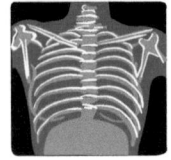

rentgen

x-ray

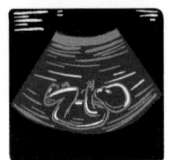

ultrazvuk

ultrasound

maska

face mask

bolest

disease

čekaonica

waiting room

štaka

crutch

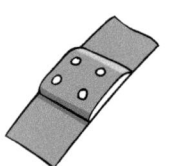

flaster

plaster

zavoj

bandage

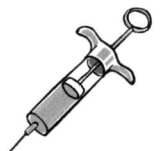

injekcija

injection

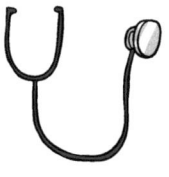

stetoskop

stethoscope

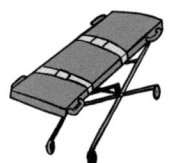

nosilo

stretcher

termometar

clinical thermometer

rođenje

birth

prekomjerna težina

overweight

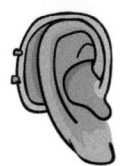

slušni aparat

hearing aid

sredstvo za dezinfekciju

disinfectant

infekcija

infection

virus

virus

hiv / sida

HIV / AIDS

medicina

medicine

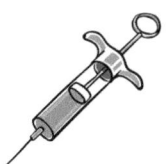

vakcinacija

vaccination

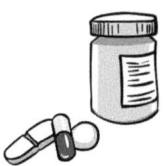

tablete

tablets

pilula

pill

poziv u pomoć

emergency call

uređaj za mjerenje tlaka

blood pressure monitor

bolesno / zdravo

ill / healthy

pomoć!

Help!

alarm

alarm

nasrtaj

assault

napad

attack

opasnost

danger

izlaz za nuždu

emergency exit

požar!

Fire!

vatrogasni aparat

fire extinguisher

nezgoda

accident

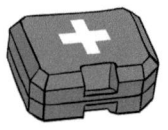

kofer prve pomoći

first-aid kit

sos

SOS

policija

police

Europa

Europe

sjeverna amerika

North America

južna amerika

South America

Afrika

Africa

Azija

Asia

Australija

Australia

Atlantik

Atlantic

Pacifik

Pacific

ocean

Indian Ocean

antarktički ocean

Antarctic Ocean

arktički ocean

Arctic Ocean

sjeverni pol

North pole

južni pol

South pole

Antarktik

Antarctica

zemlja

earth

zemlja

land

more

sea

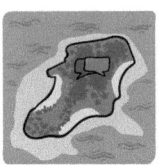

otok

island

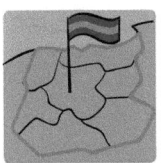

nacija

nation

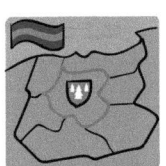

država

state

brojčanik sata

clock face

satna kazaljka

hour hand

minutna kazaljka

minute hand

sekundna kazaljka

second hand

Koliko je sati?

What time is it?

dan

day

vrijeme

time

sada

now

digitalni sat

digital watch

minuta

minute

sat

hour

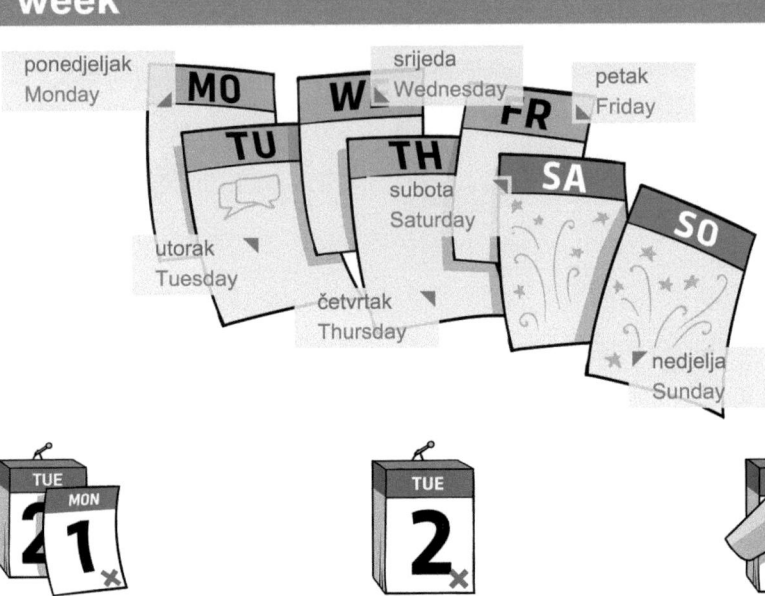

ponedjeljak
Monday

utorak
Tuesday

srijeda
Wednesday

četvrtak
Thursday

subota
Saturday

petak
Friday

nedjelja
Sunday

jučer
yesterday

danas
today

sutra
tomorrow

jutro
morning

podne
noon

večer
evening

MO	TU	WE	TH	FR	SA	SU
1	2	3	4	5	6	7
8	9	10	11	12	13	14
15	16	17	18	19	20	21
22	23	24	25	26	27	28
29	30	31	1	2	3	4

radni dani
workdays

MO	TU	WE	TH	FR	SA	SU
1	2	3	4	5	6	7
8	9	10	11	12	13	14
15	16	17	18	19	20	21
22	23	24	25	26	27	28
29	30	31	1	2	3	4

vikend
weekend

godina
year

kiša
rain
duga
rainbow
vjetar
wind
snijeg
snow
proljeće
spring
jesen
fall
ljeto
summer
zima
winter

4.APRIL 11°
5.APRIL 4°
6.APRIL 13°
7.APRIL 8°
8.APRIL 10°

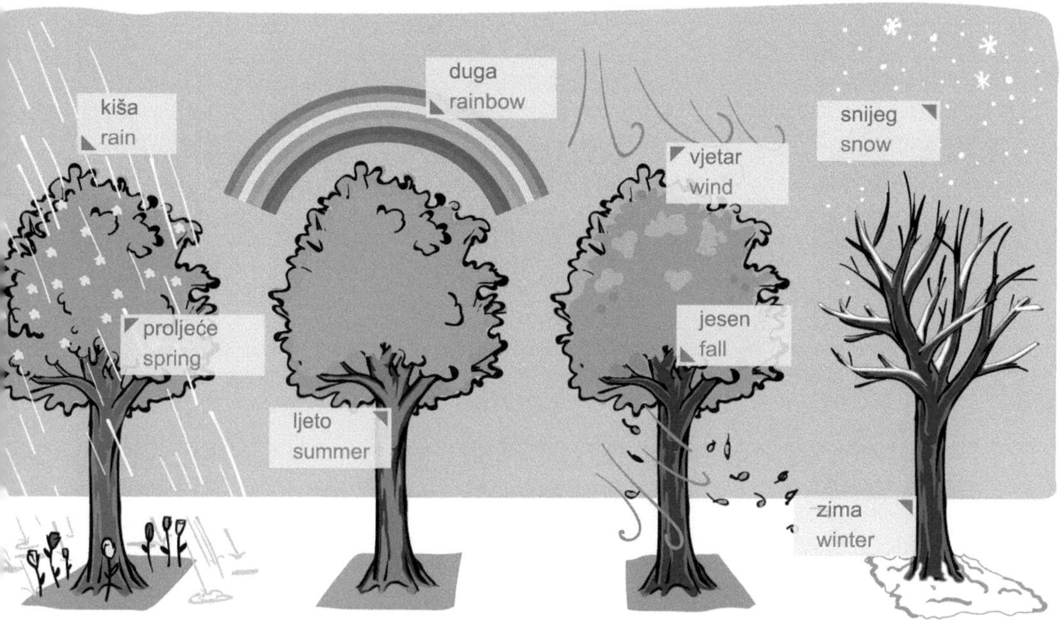

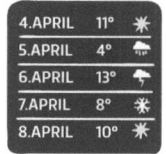

meteorološka prognoza

weather forecast

F
C
120
90
60
30
0
-30
40
30
20
10
0
-10
-20

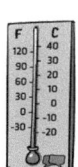

termometar

thermometer

sunčana svjetlost

sunshine

oblak

cloud

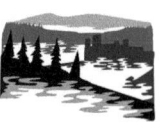

magla

fog

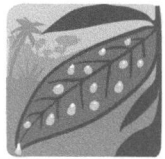

vlažnost zraka

humidity

munja

lightning

grmljavina

thunder

oluja

storm

tuča

hail

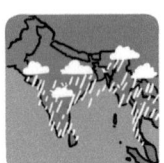

monsun

monsoon

poplava

flood

led

ice

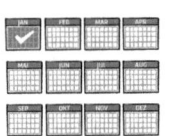

siječanj

January

veljača

February

ožujak

March

travanj

April

svibanj

May

lipanj

June

srpanj

July

kolovoz

August

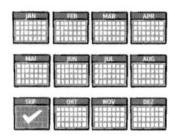

rujan

September

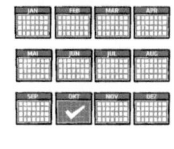

listopad

October

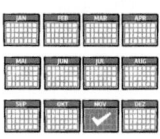

studeni

November

prosinac

December

oblici
shapes

krug

circle

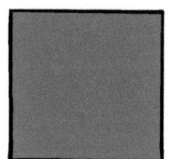

kvadrat

square

pravokutnik

rectangle

trokut

triangle

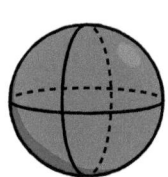

kugla

sphere

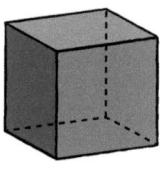

kocka

cube

bijela

white

žuta

yellow

narančasta

orange

ružičasta

pink

crvena

red

ljubičasta

purple

plava

blue

zelena

green

smeđa

brown

siva

gray

crna

black

mnogo / malo

a lot / a little

ljutito / mirno

angry / calm

lijepo / ružno

beautiful / ugly

početak / kraj

beginning / end

veliko / maleno

big / small

svijetlo / tamno

bright / dark

brat / sestra

brother / sister

čisto / prljavo

clean / dirty

potpuno / nepotpuno

complete / incomplete

dan / noć

day / night

mrtvo / živo

dead / alive

široko / usko

wide / narrow

jestivo / nejestivo

edible / inedible

zlo / dobro

evil / kind

uzbuđeno / dosadno

excited / bored

debelo / mršavo

fat / thin

na početku / na kraju

first / last

prijatelj / neprijatelj

friend / enemy

puno / prazno

full / empty

tvrdo / mekano

hard / soft

teško / lagano

heavy / light

glad / žeđ

hunger / thirst

bolesno / zdravo

ill / healthy

ilegalno / legalno

illegal / legal

pametno / glupo

intelligent / stupid

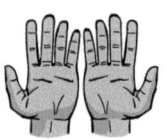

lijevo / desno

left / right

blizu / daleko

near / far

novo / rabljeno

new / used

ništa / nešto

nothing / something

staro / mlado

old / young

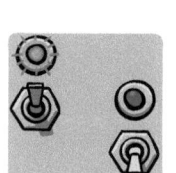

uključeno / isključeno

on / off

otvoreno / zatvoreno

open / closed

tiho / glasno

quiet / loud

bogato / siromašno

rich / poor

točno / pogrešno

right / wrong

hrapavo / glatko

rough / smooth

tužno / sretno

sad / happy

kratko / dugo

short / long

polako / brzo

slow / fast

mokro / suho

wet / dry

toplo / hladno

warm / cool

rat / mir

war / peace

0

nula

zero

1

jedan

one

2

dva

two

3

tri

three

4

četiri

four

5

pet

five

6

šest

six

7

sedam

seven

8

osam

eight

9

devet

nine

10

deset

ten

11

jedanaest

eleven

12
dvanaest
twelve

13
trinaest
thirteen

14
četrnaest
fourteen

15
petnaest
fifteen

16
šestnaest
sixteen

17
sedamnaest
seventeen

18
osamnaest
eighteen

19
devetnaest
nineteen

20
dvadeset
twenty

100
stotinu
hundred

1.000
tisuću
thousand

1.000.000
milijun
million

engleski

English

američko engleski

American English

kinesko mandarinski

Chinese Mandarin

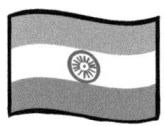

hindi

Hindi

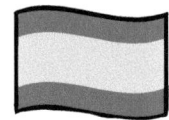

španjolski

Spanish

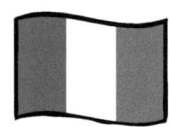

francuski

French

arapski

Arabic

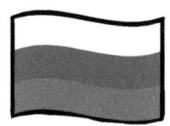

ruski

Russian

portugalski

Portuguese

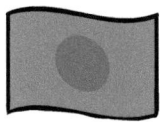

bengalski

Bengali

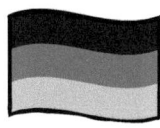

njemački

German

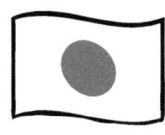

japanski

Japanese

ja
....
I

ti
....
you

on / ona / ono
....
he / she / it

mi
....
we

vi
....
you

oni
....
they

tko?
....
who?

što?
....
what?

kako?
....
how?

gdje?
....
where?

kada?
....
when?

ime
....
name

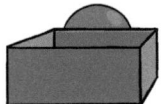

iza

behind

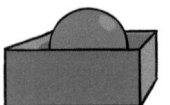

u

in

ispred

in front of

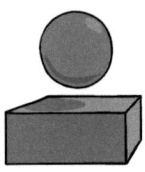

preko

over

na

on

ispod

under

pored

beside

između

between

mjesto

place